AF192661

Rimas en mi vientre

Rimas en mi vientre

Marina Capitán Llamas

TEXTOS
Marina Capitán Llamas

MAQUETACIÓN
Andrea Gómez Expósito

NÚMERO DE EDICIÓN
Primera

EDICIÓN
Postdata Ediciones

ISBN
978-84-19411-92-1

DEPÓSITO LEGAL
V-4031-2024

TÚ EN MÍ

Siete de junio de 2023

Tengo un punto de luz dentro de mí, tú en mí, parece imposible.

Mi pequeño rayito de luz, déjame que te cuente la revolución que supones, pues eres el punto y final y a la vez semilla y origen.

Crecerás hasta que mi cuerpo se te haga pequeño, pero hasta entonces déjame que atrape todo lo que nos envuelve en estos versos y así podamos volver siempre que lo necesitemos a estos nueve meses de *Rimas en mi vientre*.

MADRES

Coges a tu muñeca de trapo y la meces por imitación,
juegas a ser madre sin razón.
Casi no sabes caminar,
pero empujas un carrito de juguete
mientras él chuta el balón
y tatúan en tu vientre de niña la palabra *madre*.

Tú estás marcada.
Y eso te recuerda que tu implicación deberá ser mayor
te preparan para algo que pasará de forma inevitable,
o no.

Cuando creces miras tu vientre marcado de niña
y entiendes que el reloj tiene más de social que de biológico,
que no es lógico la mochila de prejuicios
que carga la opción de ser madre.

Basta ya de arroces pasados y de panes debajo del brazo,
basta de idealizar el ser madre
y sobre todo basta de sentirnos juzgadas
sobre dónde
cómo
con quién
o cuándo
serlo o no serlo.

Debêríamos venerar a las madres,
pues qué hay más trascendental
que crear vida dentro de nuestros cuerpos
o adoptar una vida

y antes de verla
amarla más que a la nuestra.

Nadie debería oprimirnos bajo un mismo concepto,
pues no hay dos madres iguales
ni una única forma de serlo.
Qué suerte cuando nos unimos,
cuando no nos juzgamos,
sino que nos inspiramos en nuestra diversidad.
Qué suerte cuando nos recordamos
que no solo somos madres.

Escribo para mí,
para entenderme,
vaciarme
y conocerme.

Pero también escribo para ti,
que tratas valiente
de disfrutar la rosa
surfeando
y a veces abrazando a las espinas,
tú me entiendes.

Escribo por nosotras
para que nos vean
para que no se nos esconda
para que se nos admire
para que nunca dejemos
de gritar
de compartir
de quejarnos

de llorar ni de reír.

Escribo para ti
que quizás miras valiente la cascada
o quizás ya conoces la sensación de después
y me lees con los pies en el río,
sea como sea:
GRACIAS.

SI NO SOÑARÁS CONMIGO

"Es demasiado pronto".
"Todavía no has hecho".
"Espera dos años".
"No tienes el mismo derecho".

Me agotan las voces
que sin pensar repiten,
los que nunca me han dicho,
pero que siempre me dicen.

Hay temas que no necesitan tu opinión.
Necesito escuchar el silencio de la ilusión
que grita con la seguridad del deseo responsable.

Adiós *com parar*
como puedo te quito el *com* para parar.
Abrazo mi burbuja de amor compartida,
abrazo lo sencillo
lo más intrínseco,
el amor, el deseo.
Recuerdo que eso es lo más importante.

No soy ni demasiado mucho
ni demasiado poco
solo soy.
Y soy quiere
y yo quiero
y yo puedo
y yo espero dulcemente,
pero me amargan tus *peros*

y yo construyo
y decido de la forma más sana que conozco.

Te pido que simplemente
no juzgues la llegada de un bebé al mundo.
El tamaño de la decisión
siempre es proporcional al daño que hacen tus palabras.

Así que si no soñarás conmigo,
por favor te pido
aléjate
o acompáñame en silencio.

Confiamos en que elegirás el momento perfecto para empezar a rimar en mi vientre, sentimos la espera como una oportunidad para despedirnos, conectar y aprender.

25%

He leído que solo eres un 25%
y lejos de sentirte más pequeño
siento que eres el 25% más probable del mundo.

Eres el vestido ancho de mamá por si llegas a tiempo,
el libro envuelto de papá para Sant Jordi,
nuestra sonrisa pegada a la boca todo el día.

Eres el cariño con el que papá
pone las vitaminas en la boca de mamá cada mañana.

Eres nuestro vértigo y nuestra certeza.
Eres deseado, buscado y querido.

Eres tanto,
eres tan grande
que no estás y ya eres.

TÚ EN MÍ

Cinco de la mañana
no pasa nada
seguro que sale negativo
y volvemos a la cama,
es pronto,
lo repetiremos en una semana.

Soy esa primera línea de meta,
te espero firme, paciente, concreta,
cierro los ojos
y ahí estás tú,
difusa perfecta silueta
dos rayas, tú en mí,
la estrofa perfecta.

Corremos a la farmacia
y repetimos la prueba,
dos líneas no son suficientes
para el cambio que genera.
Embarazada 2-3 semanas.

Tantas lunas rimando en mi cabeza
y aquí estás tú,
rimando en mi vientre
creciendo sin que yo lo sepa.

Y de nuevo,
empieza la espera.

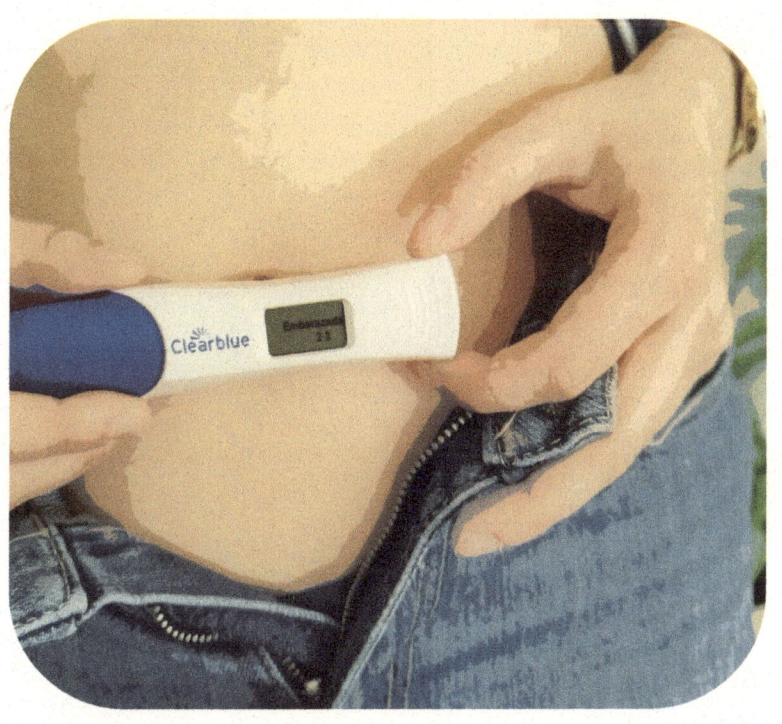

*Confío en que mi cuerpo
es capaz de dar vida a mi bebé.*

SABES BAILAR

No tienes nombre ni edad
y ya sabes bailar.
Escondidito en mi vientre
empezamos a soñar.

Todavía sin manitas
uniste a tus padrinos con alianzas,
fuiste el secreto más bonito,
mis manos en el altar temblaban
y tú fuiste mi templanza.

Antes de que tú llegaras
fuiste maestro en espera y confianza.
Mamá aprendió a frenar y posponer,
papá que se puede amar sin conocer.

No tienes nombre
y ya eres el más nombrado
siendo el más pequeño
ya eres el más amado
sin tan solo verte,
no podrías ser más deseado.

Y me pregunto:
¿hasta dónde llegará tu magia?

RIMAS EN MI VIENTRE

Como el mago que rompe su barita
al ver la oruga transformada en mariposa,
yo río ante mi poesía escrita
y abandono mi lápiz.

Setenta y un poemas en mis bolsillos
son limosna que burlan tus treinta centímetros de riqueza.

Rimas sin esfuerzo
cuando patalcas la carne que nos une y nos separa.

Creía que conocía el ritmo de la poesía
hasta que por primera vez
escuché tu corazón veloz gritando vida.

Creces como mi inspiración,
tan despacio, pero tan de repente
que me asusta
y sonrío.

Escribes en mi piel, tu lienzo en blanco,
y creces dibujando tus versos tan simétricos.
Acaricio orgullosa tus estrofas
que otros llaman defectos.

Muchos creen entendernos,
pero no hay palabras que te describan.

Mi Jana,
tú superas mi poesía.

CUIDAR ~~ME~~ NOS

Tantas veces ignoré
mi espalda contracturada
mis nervios en la barriga
mi piel deshidratada,
el aire que a veces me faltaba.

Ahora creces en mis entrañas
y te conviertes en parte de mí,
en minúsculo pedazo o quizás en todo,
pues compartimos la sangre, el aire, el cuerpo.
¿Dónde empiezo, dónde acabas?

Te abrazo instintivamente a cada momento
y tú, mi diminuta maestra,
me muestras que para amarte
debo empezar a cuidarme.

Respiraré hondo los problemas
para que no te falte el aire,
descansaré cuando me lo diga el cuerpo, que ahora eres tú,
procuraré que tus primeros sonidos
sean las palabras más dulces,
nutriré mi cuerpo de la comida que te hace bailar
y tus cosquillas serán la respuesta
de que lo estamos haciendo bien.

Dar la vida por ti sería demasiado fácil,
pienso que amarte
es reaprender a vivirla.

Y cuando dejes de ser yo
para ser espejo,
deseo ser el reflejo que mereces.

La espera es una oportunidad para aprender a confiar.

Siento paz al sentir a mi bebé en mi vientre.

Confío en que mi bebé está bien.

EL NOSTRE SOL

Ets la llum més gran que mai hem conegut i et diem sol.
Ets el groc que pinta els arbres
i fa la tardor més acolorida del que mai hem imaginat,
però que tant hem somiat.

Ets la llum que ens escalfa els ossos a l'hivern.
El caliu d'una llar que t'espera
i les ganes de quedar-nos a casa
i fer niu quan tenim fred.

T'esperem amb el delit d'una espera al sol,
però no tinguis pressa,
arribaràs a temps per inaugurar la primavera.

NUESTRO SOL
(Traducción)

Eres la luz más grande que nunca hemos conocido
y te llamamos sol.
Eres el amarillo que pinta los árboles
y hace el otoño más colorido
de lo que nunca hemos imaginado,
pero que tanto hemos soñado.

Eres la luz que nos calienta los huesos en invierno.
El calor de un hogar que te espera
y las ganas de quedarnos en casa
y anidar cuando tenemos frío.

Te esperamos con el deleite de una espera al sol,
pero no tengas prisa,
llegarás a tiempo para inaugurar la primavera.

MIEDOS

Ellos vuelan en mi cabeza
y se posan como ave carroñera
tus patadas los espantan,
pero vuelven los miedos a mi sesera.

Ellos vuelan en mi cabeza,
pero tú te arraigas a mi vientre
tú eres, tú creces, tú tocas, me tocas,
tú existes y ellos mienten.

Ellos vuelan en mi cabeza
sobre todo cuando hay luna,
pero tus patadas mañaneras
iluminan cada duda.

Ellos vuelan en mi cabeza
y son el miedo más fuerte conocido,
pero nosotras les vencemos con la certeza
de la confianza que contigo he aprendido.

La oscuridad solo es la ausencia de luz.
Yo estoy llena de luz.
La luz siempre gana.
Nosotras ganamos al miedo.

MI SITIO PREFERIDO

Eres
mi sitio preferido del mundo,
la pieza que me encaja sin esfuerzo,
mi recordatorio de lo importante,
mi pequeña maestra
mi tesoro,
mi sueño.

Eres la que me inspira a vivir este instante
y mirar adelante.

Soy
el lugar en el que empezaste a crecer,
el calor que necesitas,
tu comodidad
la que más te admira,
pero a la que no necesitas complacer.

Soy la que siempre te va a querer
hagas lo que hagas
seas como seas,
soy tu refugio,
el sitio al que siempre puedes volver.

PONERNOS A SALVO

A veces piso fuerte,
me empodero
otras llego a una cuerda floja que da miedo.
Quiero correr más que el tiempo,
ponernos a salvo
y no puedo.

Cuando escuchemos su latido
o quizás en la semana trece
seguro que en la ecografía de la veinte,
pero es que es tan pequeña
¿y si quisiera salir ahora?
Solo deseo estar en la treinta y seis,
pero hasta que no la tenga en brazos
no respiro.

La información es poder,
pero la sobreinformación
difumina mi instinto y mi opinión.
Me atrapan las redes
en miedos que no me pertenecen
y me bombardean con imágenes que se clavan
y posibilidades que en mi cerebro crecen
y zarandean la calma que con esfuerzo he construido
y me suben hasta unas expectativas
y caigo.
Entonces entiendo cuánto dinero da el miedo.

Nunca estaremos a salvo
y eso me angustia y me libera,

en el sinfín de posibilidades
elijo vivir a mi manera,
dejo ir la culpa
y solo deseo salvarme
del miedo que sin darnos cuenta
nos condena.

SOY HOGAR

Soy hogar
soy alimento
soy el perfecto truco de magia que te deja sin aliento.

Soy la que materializa el amor
dándole forma bien adentro.

Mi útero, tu refugio,
mis brazos, tu sostén,
mi olor, lo que te orienta,
mis huesos los que te abrirán el camino para nacer.

Yo; tu hogar,
tú; mi aliento,
yo; tu sustento,
tú; mi mayor acontecimiento.

JUNTAS SEREMOS CASCADA

Te pariré como el nacimiento de un río.

Nuestros gritos serán el sonido natural de la vida
y nadie nos callará porque nuestra sonoridad es inherente
a nuestro recorrido.

Nadie podrá detenernos,
ni siquiera nosotras mismas,
pues los miedos serán las rocas
que harán que la vida baje con más fuerza.

El agua no aprende a fluir,
de igual manera mi cuerpo sabe parir.
Confiaremos en nuestra naturaleza
y fluiremos juntas.

Inspiraré las agallas de mi abuela,
que parió sola a mi madre en su cocina
y la fuerza de mi madre en mi bajada
y expulsaré el aire con una fuerza que no sabía que tenía.

No seremos la cascada más grande
ni nos compararemos con ninguna otra cascada,
viviremos lo que nuestros cuerpos marquen
el esperado día de tu llegada.

Nacerás pura y cristalina
y yo te abrazaré con la sed de nueve meses de espera,
será nuestra experiencia más salvaje
la más real y verdadera.

Confío en nuestra luz como en el sol.
Aunque no te busque siempre estás aquí.

MI POEMA PREFERIDO

Mi poema preferido
ilumina los silencios
y enmudece mis sentidos.

Mi poema preferido
es sol de invierno,
luz de amanecer,
y esconde un significado
al que solo papá y yo podemos acceder.

Sus versos riman libres,
pero a la vez tan míos
que se graban en mi cuerpo
y se enfrentan a mi frío.

Riman nuestros corazones desacompasados,
admiro tu enorme presencia
y me siento pequeña a tu lado.

Me entrego a tu ritmo
veloz, valiente, salvaje
y no trato de acompasarme,
pues me rindo ante tu fuerza desbocada,
cabalgando al miedo,
gritando vida.

Mi poema preferido
será siempre tu latido.

SOY TEMPLO

Jamás pensé que sentiría esto.
Admiro los silenciosos cambios
que han convertido mi cuerpo en templo.

Agradezco los mareos, las estrías
y las sensaciones de mi cuerpo.

Agradezco los calambres
que me indican que tu cabecita también espera el momento.

Cada noche en el espejo miro mi nuevo cuerpo.
¿Quién puede ver defectos
en un cuerpo que ha creado vida dentro?

Me cuido, me quiero
y me admiro más que en todo este tiempo.

Me siento diosa, sagrada, poderosa,
disfruto de sentirte dentro
y espero con calma y anhelo tu nacimiento.

Preparo mi cuerpo y mi mente
para estar a la altura de tan sagrado momento.

De un cuerpo más en madre me convierto.
Ya nunca seré la misma,
ya siempre seré su templo,
ya siempre seré el refugio
de mi pequeña que yo he creado dentro.

Conecto con las sensaciones de mi cuerpo
y me entrego al momento,
y es en ese perfecto baile
que siento que he nacido para esto.

PROTEGERTE SIN VERTE

Vivo en la contradicción
de tenerte sin olerte
de darte vida sin esfuerzo aparente,
dicen que dentro es donde mejor estás,
pero, ¿cómo protegerte sin verte?

Cada mañana me convenzo
en los momentos en los que no te siento
que como el sol siempre estás presente,
aunque a veces tras las nubes,
y aunque otras lluevan miedos,
tú siempre estás ahí,
mi pequeña arcoíris de pataditas de cielo.

Vivo en la contradicción constante
entre la preocupación y la ilusión,
dicen que eso es sentirse madre
y si el miedo es el precio a pagar
por este amor tan puro y verdadero
yo lo asumo con el anhelo
de tenerte pronto por fin entre mis dedos.

Confío en nuestros cuerpos.

Me siento calmada porque sabré en qué momento ir al hospital cuando las molestias en mi vientre o en mi pelvis sean inusuales.

MIENTRAS TE ESPERO

Días lentos,
semanas rápidas,
segundos eternos,
y así florece febrero
mientras te espero.

Meditaciones al sol,
los *tuppers* de papi,
sus masajes en mi pelo,
la rutina a nuestra medida
los ejercicios de pelota y en el suelo,
siestas y dulces recenas,
el día es tan placentero
mientras te espero.

La mirada en tu cuna,
derretirnos sintiendo tu taloncito bailar,
practicar con tu carro
desdoblar, soñar y doblar,
maletas listas para el viaje
que revolucionará nuestro mundo entero
mientras te espero.

La impaciencia de la gente
aunque no desespero
me siento presente,
pero te anhelo
y a cada día que pasa
más te quiero
mientras te espero.

GRACIAS A TI

Gracias a ti
me escucho por dentro
me abrazo al presente
y disfruto el momento.

Gracias a ti
me quiero más que nunca,
admiro a mi cuerpo,
pues ahora es un templo.

Gracias a ti
me apodero de mi tiempo
disfruto de la vida
y del milagro de llevarte dentro.

Gracias a ti
tengo más control mental,
pues es lo que más necesito
para cuando llegue el momento.

Gracias a ti
respeto a mi cuerpo,
aprendo a cuidarme,
porque tú estás dentro.

Gracias a ti,
entiendo mis prioridades
aprendo quién siempre
y quién nunca, ahora decir que no
ya no me asusta.

Cada día que pasas en mi vientre es un regalo para aprender a vivir en el presente y disfrutar de mi tiempo y de la paz de esperarte.

Confío en que tú decides el mejor momento para salir, mientras tanto, sé que mi vientre es el mejor sitio para ti.

Y POR FIN,
LA CASCADA

13 de febrero de 2024

Mi cuerpo me dice que se acerca el momento. Papá y yo nos adentramos en la intimidad de nuestra burbuja de amor compartida donde queremos darte la esperada bienvenida. Lo hacemos despacito, al ritmo de las aguas que se rompen en un flujo suave, pero continuo, cogiendo fuerzas para la cascada de nuestras vidas. Nos sentimos preparados, valientes, empoderados.

Y por fin, la cascada.

Ya hemos hecho lo más difícil,
entre millones de posibilidades tú eres nuestra bebé.

Hoy haremos lo más fácil,
bailaremos juntas hasta encontrarnos.

Y POR FIN, LA CASCADA

Lunes por la tarde.
Primeras contracciones.
Recibo con ganas y calma
las tan anheladas sensaciones.
"Puede ser hoy o en unos días",
decimos tratando sin éxito
de no hacernos ilusiones.

Lunes por la noche.
Aumenta mi cuerpo la fuerza
y descubro en sus brazos
refugio y analgesia.
Más tarde mi cuerpo descansa,
no es el momento,
pero estamos dos centímetros más cerca.

Martes por la mañana.
Revisión de las cuarenta semanas
donde la duda nos lleva a la prueba
que confirma que tu bolsa se ha roto
y que la cascada nos espera.

Martes por la tarde.
Mi cuerpo grita las ganas de expandirse
y subimos y bajamos
y hacemos nuestra la escalera,
papá inventa canciones
y mamá ríe y baila a su manera
todo para hacerte espacio
y que salgas cuando quieras.

Martes por la noche.
En el baño, nuestra cueva,
sin temer la intensidad
la abrazamos, conectamos
papá dice que nunca me ha visto tan guapa
y yo siento un poder desconocido que reconozco,
estamos cerca.

Miércoles por la mañana.
Papá llora
y en sus ojos me veo fuerte
y empujo
y toco tu cabeza
y empujo
y ambos pensamos que nunca hemos visto nada más perfecto
en el mundo
y grito:
"És la Jana"
y se para el tiempo.

Las contracciones son parte de mí.

Abrazo valiente a la intensidad para acercarme a ti.

ENTRE TÚ EN MÍ Y EL NOSOTRAS

Entre tú en mí y el nosotras
pasaron tantas cosas.

Comprendí que para llegar a ti
tenía que salir de aquí,
salir de mí para que salieras de mí,
anhelaba ese ritual hasta nosotras.

El flujo de agua creció
me abrí, me quedé rota
y entre mis piernas la cascada
y el frío punzante
daba paso al agua clara, verde, colorada
nos entregamos a nuestra fuerza desbocada.

Entonces salí de mí
o llegué a mí, a ti, a nosotras,
todavía no lo tengo claro.
Sentí una intensidad desmesurada,
un silencio plácido,
mientras, mi cuerpo memorizaba
tu cabeza golpeándome
tus ganas de vivir
fuera del cuerpo que te abrazaba.

NOSOTRAS

14 de febrero de 2024

Justo hoy, el día que dicen que los enamorados celebran su amor, te conocemos a ti, el amor de nuestras vidas. Hoy nacemos como una familia de tres y ambas nacemos en un nuevo nosotras.

Desde que estás aquí están pasando muchas cosas que no entiendo y siento que el reloj se ha parado en el momento en el que nos separaron. Sin papá no podría sostenerlo. Por primera vez en mi vida en mi cuerpo conviven los sentimientos más opuestos y en extremo. Todavía no nos hemos mirado a los ojos. Nueve meses rimando en mi vientre y de repente un silencio que me hace sentir tan sola.

Por fin me dejan tocarte y te huelo. No sé qué le pasa a mi cerebro, pero prometo que en ese instante siento la primavera entera y solo existimos nosotras, pero cuando nos vuelven a separar se me clava un frío seco que me paraliza los huesos y salgo de mi cuerpo a un sitio que nadie debería conocer. Pienso que no nos merecemos que gane el frío, entonces trato de dibujar un cordón dorado que une nuestros cuerpos al que me aferro.

Un buen libro nunca revela su final, pero te prometo que ganaremos al frío.

Bienvenida a nosotras.

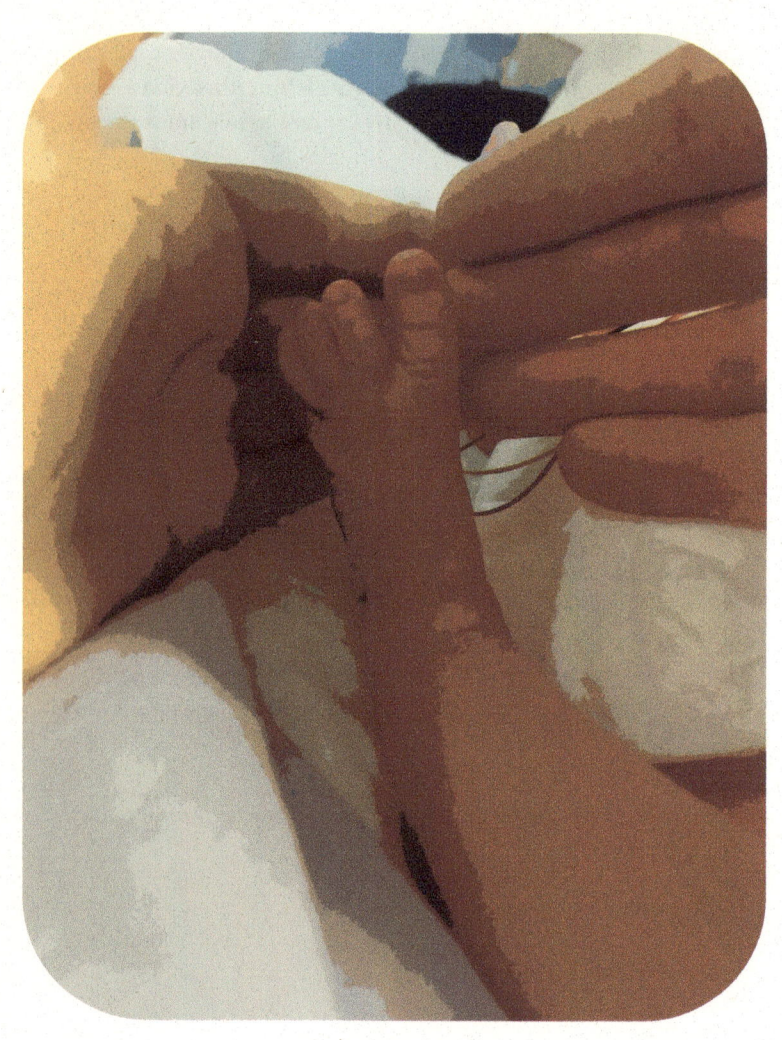

LLEGASTE TÚ

Llegaste tú,
mi pedacito de vida,
para grabar tus versos en mi piel,
rimar en mi cabeza,
después en mi vientre
y, por fin, entre mis dedos.

Me entrego valiente
a tu lección de presente
y no temo al tornado que siento
cuando clavas tus ojitos en los míos.

Tengo mi lápiz preparado
para escribir la historia de amor
más bonita del mundo.

DAR A LUZ

He dado a luz,
me la han quitado,
me he quedado a oscuras,
helada,
y todavía no me he encontrado.

Me siento sola en mi cuerpo ensangrentado,
dolorida,
y en mi cerebro abrumado,
cansado,
olvidadizo,
solo cabes tú.

Papá me cuida
y ambos caminamos,
en silencio,
cautelosos,
asustados.

Nos conoceremos
despacito,
saboreándonos,
y nos prometo
que recuperaré la luz,
aquella que di, que me quitaron
y volveremos a brillar juntas,
esta vez desde el otro lado.

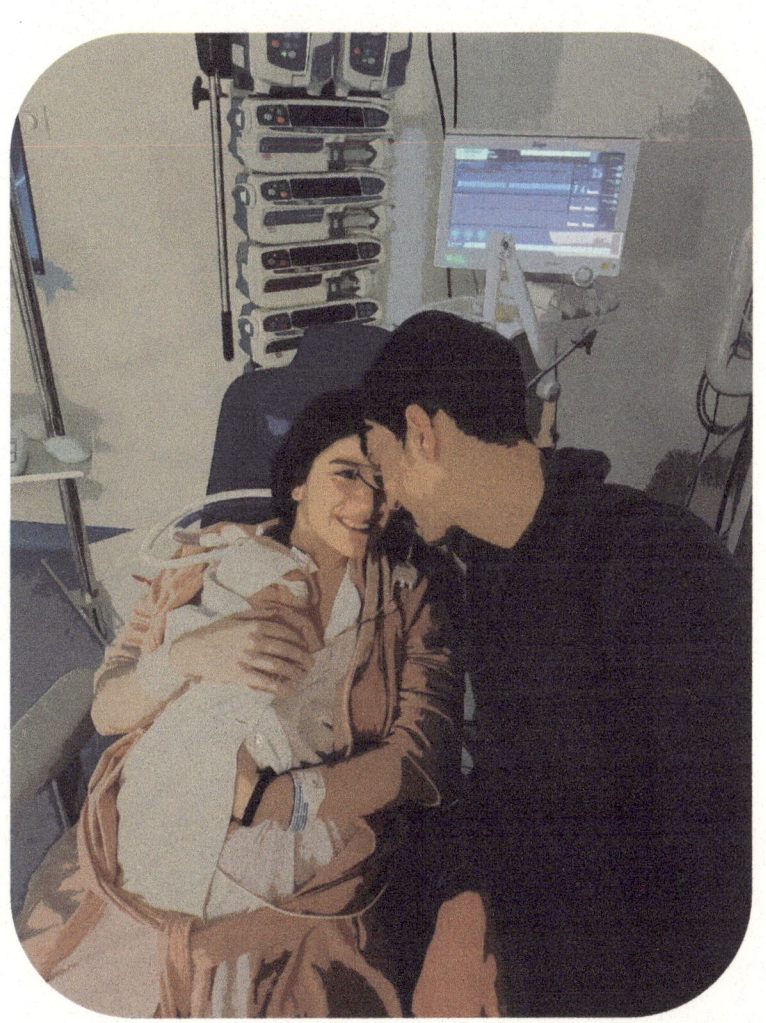

CON LOS PIES EN EL RÍO

Imaginé tanto la cascada
que olvidé preparar mi cuerpo para el frío.

Con los pies en el río
corre el frío,
el vacío
y este hogar que me envuelve
que ya no siento mío.

Lucho contra la corriente de mis expectativas
y vuestras opiniones
y emociones desmedidas
flotan sobre mi cuerpo
pequeño,
paralizado,
cansado,
que trata de entender qué ha pasado.

Trato de no ahogarme en estas nuevas aguas,
a veces saco un brazo,
otras grito auxilio,
pero no sé si es esta oscuridad
o que ya soy invisible.

Espero paciente
a sentir lo que se supone que se siente,
y por fin,
desde otro río
la llamada de María:
"Esto es muy duro".

Abrazo las cuatro palabras salvavidas
entonces miro arriba,
hay una luz
una salida.

Lloro,
pero ahora es diferente
unimos nuestras lágrimas
que se convierten en corriente
y cada lágrima estamos un poquito más cerca de *nosotras*.

VOLVER

Volver,
cansada, dolorida
empoderada o quizás triste y afligida.

Volver,
descubrir que ya no eres la misma,
te necesitas más que nunca,
recuerda cuidar tu cuerpo
hasta poderte reconocer.

Volver,
sin más intimidad ni tiempo
del que tu criatura te permite disponer.

Volver,
vivir en la dualidad constante,
nunca has estado tan acompañada ni tan sola,
busca tu tribu,
te salvará y te sabrá comprender.

Volver,
con tu casa y tu vida patas arriba,
abraza vuestro caos,
cuestiónate,
pues no hay nada más valiente
que atreverse a reaprender.

Volver,
sentirás que no haces nada,
pero nunca harás nada más importante en la vida

que ser refugio, cuidarle
y permitirte el tiempo de poderle conocer.

Volver,
a un mundo que querrá que corras,
no olvides darte tu tiempo,
volver demasiado pronto
volver a medias
te va a doler.

Volver,
con las prioridades cambiadas
volver con más miradas clavadas,
refúgiate en tu instinto
recuerda que esto es muy difícil
y lo estás haciendo bien.

Volver,
más fuerte,
más grande,
para que tenga el espacio suficiente
para seguir creciendo en mi piel.

Volver
con las marcas de vida necesarias
para nunca olvidar el milagro de verle nacer,
volver
con el vientre abultado
por si una noche fría necesita volver.

*Las lágrimas son necesarias para nutrir las raíces
de lo que estamos construyendo.*

Ya casi puedo oler la primavera.

ESPERO QUE ENTIENDAS

Espero que entiendas
que mi bebé ha estado nueve meses siendo una parte de mí,
nos necesitamos para sentirnos a salvo
desde el instante en que parí,
no me razones lo contrario,
pues es salvaje,
instintivo,
y es sano sentirlo así.

Espero que entiendas
que cuando pongo a mi cría en tus brazos
estoy tensa, en alerta,
disculpa si no puedo estar atenta,
pues mi cerebro se focaliza en leerla.

Espero que entiendas
que cuando sin mi permiso
pones a mi bebé en otros brazos
la tocas o la besas
siento que violas mi extensión más íntima y sagrada,
no debería recordarte
que los cuerpos no se tocan sin permiso
sean grandes
o pequeños y adorables.

Espero que me entiendas
o al menos que puedas respetarme,
pues, aunque para protegerme puedo alejarme,
ahora es cuando más te necesito
en este momento vulnerable.

ELIJO TU MIRADA

Entre mi armario
que me inspira a desapegarme,
a dejar ir lo que ya no va a sumarme,
que me pide que me abrace otra ropa
solo si acepta mi espacio,
si me permite crecer.

Y mi espejo,
testigo del milagro,
que me presenta un nuevo hogar compartido
que descubro con la inocencia de volver a nacer.

Y el mundo que me ve un defecto
pendiente de recuperarse,
que se empeña en borrar todo rastro
de tu paso por mi cuerpo,
que me instiga en que tu hogar se haga incómodo,
vergonzoso,
pequeño.

Elijo tu mirada sanadora
donde me descubro
suficiente,
hogar,
fuerte,
creadora.

DUALIDAD

Trato de aprender a criarte
sin anclarme al pasado
y sin correr al futuro.

Trato de aprender sin olvidar mi instinto,
de compartir, sin comparar
de recordar, sin idealizar
de priorizarte sin olvidarme.

Trato de aprender,
trato de adaptarme.

Pero ahora el frío es más frío
y duele
y el calor es tan cálido
que me queman las ganas de achucharte.

Y justo aquí y ahora,
entre el pasado y el futuro,
entre mi instinto y los consejos,
entre la frustración y la aceptación,
justo aquí y ahora,
yo te veo
yo te huelo y no entiendo nada,
pero todo tiene sentido.

MOLT MÉS QUE UN ALIMENT

Creixen
al ritme del ventre i jo els miro innocent.
Acaricio
les partitures que es dibuixen a la pell.
Confio
els canvis em diuen que tot està bé.

Neixes
comencen els reptes i no sé si podré.
Aprenem
que la distància només fa més fort el cordó daurat
que ens uneix.
Recollim
les gotetes d'or que en xeringa tu et prens.
Ploro
no puc cuidar-te,
però em prometo que per alimentar-te no et fallaré.
I així comença el llenguatge
que mai més oblidaré.

Guanyem
ara oferir-te el pit ja podré,
sembla que és fàcil, que jo he de saber,
però comencen de nou els reptes
aprenem entre cables que criden
que no ho faig bé,
ells guanyen
i la por m'envaeix.

Marxem
diuen que a casa tot ho veuré molt més bé,
però em fan mal, tu no creixes
i ara em diuen que tinc poca producció de llet.
Et suplemento,
però el meu instint em fa donar-te sempre el meu pit primer,
potser m'exigeixo massa,
però donar-te el meu pit em fa sentir bé.

M'enamoro
més i més del papa en tot el procés,
ens ajuda a abraçar el nou caos
de xeringues, pit, bolquers i tirallets.

Passa el temps
i el pit es converteix en llenguatge de la pell
tu em dius que em necessites
i jo et dic que soc la mama i que sempre et cuidaré,
però el pit dret em preocupa
està dur i crec que tu no menges bé.

Busco
l'ajuda que ambdues necessitem
fem canvis i juntes amb el papa aprenem,
ara em diuen que donar-te el meu pit dret mai més podré,
sort de les mans que ens sostenen
sort de les mares que saben posar-se a la meva pell
sort de les nits on gaudeixo
sentint-te al meu pit pell amb pell.

Lluito
una lactància diferent,

amb un sol pit també podrem,
però sembla que res és suficient.

Creixen, acaricio, confio,
neixes, aprenem, recollim, guanyem, aprenem, marxem, et
suplemento, m'enamoro, passa el temps, busco, lluito,
però res és suficient.

Ara tu rebutges el meu pit,
però jo encara ho lluito més
fins que m'adono que ja res té sentit,
jo ho forço i amb esperança encara no abandono el tirallet,
però la realitat és que ja no ens entenem
amb el llenguatge de la pell.

No sempre si vols pots,
ho hem intentat tot,
però sense decidir-ho
ens acomiadem de l'alletament matern.

Et trobo a faltar al pit
i de tant en tant la tristor m'envaeix,
però gràcies a tot aprenem
a comunicar-nos amb un llenguatge diferent.

M'emociono pensant que acabem com comencem,
sembla que tot ha sigut un somni,
una oportunitat per veure com el meu cos et nodreix.

Ara tots som més forts i resilients,
a la nit busques l'escalfor del meu pit instintivament
i aprenc que el meu cos és tot el que necessites,

sempre serà el teu refugi
i això és molt més que un aliment.

MUCHO MÁS QUE UN ALIMENTO
(Traducción)

Crecen
al ritmo del vientre y yo los miro inocente.
Acaricio
las partituras que se dibujan en la piel.
Confío
los cambios me dicen que todo va bien.

Naces
empiezan los retos y no sé si podré.
Aprendemos
que la distancia solo hace más fuerte el cordón dorado
que nos une.
Recogemos
las gotitas de oro que en jeringa tú tomas.
Lloro
no puedo cuidarte, pero me prometo que para alimentarte
no te fallaré.
Y así empieza el lenguaje
que nunca olvidaré.

Ganamos
ahora ofrecerte el pecho ya podré
parece que es fácil, que yo tengo que saber,
pero empiezan de nuevo los retos
aprendemos
entre cables que gritan
que no lo hago bien,
ellos ganan
y el miedo me invade.

Nos vamos,
dicen que en casa todo lo veré más bien,
pero me hacen daño, tú no creces
y ahora me dicen que tengo poca producción de leche.
Te suplemento,
pero mi instinto me hace darte siempre mi pecho primero
quizás me exija demasiado,
pero darte mi pecho me hace sentir bien.

Me enamoro
más y más de papá en todo el proceso,
nos ayuda a abrazar el nuevo caos
de jeringas, pecho, pañales y sacaleches.

Pasa el tiempo
y el pecho se convierte en lenguaje de la piel
tú me dices que me necesitas
y yo te digo que soy mamá y que siempre te cuidaré,
pero el pecho derecho me preocupa
está duro y creo que tú no comes bien.

Busco
la ayuda que ambas necesitamos
hacemos cambios y juntas con papá aprendemos,
ahora me dicen que darte mi pecho derecho ya no podré
suerte de las manos que nos sostienen
suerte de las madres que saben ponerse en mi piel
suerte de las noches donde disfruto
sintiéndote en mi pecho piel con piel.

Lucho
una lactancia diferente

con un solo pecho también podré,
pero parece que nada es suficiente.

Crecen, acaricio, confío,
naces, aprendemos, recogemos, ganamos, aprendemos,
nos vamos, aprendemos, me enamoro, pasa el tiempo,
busco, lucho,
pero nada es suficiente.

Ahora tú rechazas mi pecho,
pero yo todavía lo lucho más
hasta que me doy cuenta de que ya nada tiene sentido,
yo lo fuerzo y con esperanza
todavía no abandono el sacaleches,
pero la realidad es que ya no nos entendemos
con el lenguaje de la piel.

No siempre si quieres puedes,
lo hemos intentado todo,
pero sin decidirlo
nos despedimos de la lactancia materna.

Te echo de menos en el pecho
y de tanto en tanto la tristeza me invade,
pero gracias a todo aprendemos
a comunicarnos con un lenguaje diferente.

Me emociono pensando que acabamos como empezamos
parece que todo ha sido un sueño,
una oportunidad para ver cómo mi cuerpo te nutre.

Ahora todos somos más fuertes y resilientes,
por la noche buscas el calor de mi pecho instintivamente
y aprendo que mi cuerpo es todo lo que necesitas,
siempre será tu refugio
y eso es mucho más que un alimento.

PUEDES VOLVER

Cuando mi cuerpo se te haga pequeño
y tu curiosidad gane a las ganas de abrazarme,
cuando tus piececitos
estén negros de saltar y de correr,
recuerda que este cuerpo nuestro
será ese sitio cómodo
donde siempre puedes volver.

ENTRE TUS GUANTES Y MI CUERPO

Entre tus guantes y mi cuerpo
tiemblan
mis complejos,
mis miedos,
mis sueños.

Manipulas la piel
que esconde
mis cicatrices,
mis heridas
que en tus manos
están desarmadas,
desprotegidas.

Y yo,
desnuda, tendida,
descubro esta vulnerabilidad desconocida.
No es el qué sino el cómo
lo que me hará sentir
sostenida o destruida.

Entre tus guantes no hay un cuerpo,
tocas el resto de mis noches,
mis peores pesadillas,
sin ser consciente
moldeas
mis sentimientos como arcilla.

Lo que evalúas no es un feto,
es el pedacito más importante de mi cuerpo,

es mi tesoro,
es mi cría.

Lo que tocas no es un pecho,
es la frustración y el duelo
más grande de mi vida.

Cuando te quitas los guantes
espero tus palabras,
que pueden ser mi trauma
o la melodía que salvará
el resto de mis días.

HOY NO PUEDO

Hoy no puedo
siento que exploto
y a mis pensamientos les temo.

No es fácil cuando está demandante
querer disfrutarla al máximo
sentir que no llego a nada
obviar mis necesidades
protegerla del peligro constante.

Merezco quejarme,
pero me hace sentir más culpable
y entre grises y sombras
olvido lo importante.

En una casa en llamas,
¿quién podría calmarse?

Cierro los ojos,
respiro
y miro sus manitas
sus piececitos
su cuerpo
tan perfecto y pequeñito
y se para el tiempo.

Solo pide lo que necesita.

No debe ser fácil necesitarme
para dormir

estar limpia
comer,
solo sentirse cómoda en un cuerpo
que no para de correr.

Ella tiene la parte más difícil.

Siento que nunca haré nada más importante
y productivo en mi vida.

No produzco dinero, orden ni limpieza.

Ocupo todo mi tiempo en producir amor, seguridad
y alimento para la persona más importante de mi vida.

QUE SE NOTE

Estos cuerpos nuestros
tan juzgados
tapados
criticados
dañados
odiados por nosotras mismas.

Estos cuerpos nuestros
que nos permiten ver las flores,
escuchar las cascadas,
caminar por el campo,
correr de la toalla a la orilla
y nadar hasta descansar tendidas al sol.

Estos perfectos cuerpos
que nos permiten oler la tierra mojada tras la lluvia
sentir el placer de comer
y como un mecanismo perfecto
cumplir con todas las funciones
para llevarnos por la vida.

Estos cuerpos nuestros
crean vida.

Nos lo habían contado
pero qué diferente vivirlo.
He sentido a mi cuerpo crear a mi hija
he sentido mi piel estirarse
y a mi bebé moverse en respuesta a mi voz
y tener hipo,

he sentido sus ganas de nacer
he visto a mi cuerpo abrirse hasta darle espacio
y parir a mi bebé tan pequeña y perfecta
sin dudar ni un segundo
ni tener miedo.

Y después de eso
me felicitas porque no se me nota nada
porque estoy estupenda
y otros
en vez de admirarme
felicitarme
o simplemente acompañarme
me preguntan cuántos kilos me he engordado.
Otros tienen el descaro,
sin saber mi relación con mi cuerpo,
de sentenciar que ocupa demasiado,
como si no hubiese suficiente espacio en el mundo
para un cuerpo que acaba de dar vida.
¿Qué locura es esa?

Qué bien lo habéis hecho.

Nos enseñáis tan bien a odiarlos
que no les permitimos que cambien,
que marquen su paso por la vida
que se expandan si lo necesitan
pues, ¿qué mejor motivo que dar vida?

Quiero que se note,
que me marque fuerte y para siempre,
pues no conoceré mayor orgullo en esta vida.

Sin vuestra ayuda aprenderé a quererlo,
pues no se trata de recuperarnos,
sino de mirarnos al espejo
y cuidarnos hasta encontrarnos en estos nuevos cuerpos,
se trata de mirar a nuestras crías,
admirarlas y admirarnos,
se trata de mimarlos,
a veces perdonarlos
y abrazarlos más fuerte que las ganas de cambiarlos.

DÉJAME QUEJARME

"Pues ya verás cuando empieces a trabajar".
"Es lo que querías, ¿no?".
"Cuando la niña duerme puedes descansar".
"Pero solo te dedicas a estar con la niña".
"Tú no te puedes quejar".

¿Por qué admiramos al atleta tras su carrera
y juzgamos tanto a la madre?
¿Acaso su trabajo es menos importante?
¿Por qué no se legitima el cansancio de una madre?

No te pido que me entiendas,
ni que me ayudes,
ni que trates de animarme,
solo te pido,
por favor,
déjame quejarme.

Necesitamos que se nos escuche,
ser vistas tras nuestras criaturas adorables,
necesitamos que se nos reconozca
en esta importante labor de madre.

Si ves a una madre quejarse,
si no te pide ayuda,
quizás solo necesita desahogarse,
recuerda: limítate a escucharla,
pues nuestra fortaleza también nos hace vulnerables
y eso, créeme,
es igualmente admirable.

EL VÍNCULO

El vínculo no es un pie,
no es una mano,
no es un pecho que brota leche,
a menudo ni es el vientre,
ni la sangre,
ni se construye tan temprano.

Si no lo encuentras sé paciente,
el vínculo no cumple expectativas,
no es tan fácil,
ni se compra,
ni se toca,
pues se siente.

El vínculo
es tiempo,
entrega,
no es el qué,
sino la manera,
es calor y alimento,
venga de donde quieras o donde puedas.

Es disponibilidad y sensibilidad,
en nuestro caso apartar mis deseos
para verte,
conocerte,
es saber renunciar,
dejar de luchar
para poder estar disponible
darte todo mi tiempo

y mis manos libres para poderte cuidar.

Mi pequeña maestra,
perdón por tardar tanto en comprender,
lo que con dos meses tú nos querías hacer ver.

LA TIETA XÈNIA

Quan al meu cos un petit cor es començava a dibuixar,
vas multiplicar el teu amor,
et vas quedar, em vas cuidar.

Quan vaig necessitar aïllar-me
vas respectar l'espai per processar, connectar
i poder-me transformar.

Quan l'aigua va començar córrer
i ella volia arribar,
ho vas saber, ho vas notar.
Aquella nit no vas dormir
i quan les coses no van sortir com esperàvem,
no vas necessitar cap missatge,
el teu cos t'ho va explicar.

Quan la llum no entrava per la finestra,
vas seure al meu costat,
vas trobar la distància exacta
per estar present i poder-me respectar.
Et vas fer experta a fer biberons, rentadores i berenars,
mai t'ho vaig demanar,
sense haver viscut res similar
sabies exactament el que podia necessitar.
Un cop més et vas quedar, em vas cuidar.

Primer lent, després volant
el temps ha anat passant,
ara que hi ha més llum
tot ho veig clar.

Ets la persona més sensible i generosa
que la vida em podia regalar.

M'agrada veure com us mireu
i la vostra manera de jugar,
t'has convertit en la tieta Xènia
i això ningú ho pot qüestionar.
No sé si mai et podré agrair tot el que fas,
el que sí et puc assegurar,
és que juntes sempre serem un lloc
on poder-nos refugiar.

LA TIETA XÈNIA

(Traducción)

Cuando en mi cuerpo un pequeño corazón
se empezaba a dibujar,
multiplicaste tu amor,
te quedaste, me cuidaste.

Cuando necesité aislarme,
respetaste el espacio para procesar, conectar
y poderme transformar.

Cuando el agua comenzó a correr
y ella quería llegar,
lo supiste, lo pudiste notar.
Esa noche no dormiste
y cuando las cosas no salieron como esperábamos,
no necesitaste ningún mensaje,
tu cuerpo te lo supo explicar.

Cuando la luz no entraba por la ventana,
te sentaste a mi lado,
encontraste la distancia exacta
para estar presente y poderme respetar.
Te hiciste experta en biberones, lavadoras y meriendas,
nunca te lo pedí,
sin haber vivido nada similar
sabías exactamente lo que podía necesitar.
Una vez más te quedaste, me cuidaste.

Primero lento, después volando
el tiempo ha ido pasando,

ahora que hay más luz
todo se va aclarando.
Eres la persona más sensible y generosa
que la vida me podía regalar.

Me gusta ver cómo os miráis
y vuestra manera de jugar,
te has convertido en la *tieta* Xènia
y eso nadie lo puede cuestionar.
No sé si te podré agradecer todo lo que haces,
lo que sí te puedo asegurar
es que juntas siempre seremos un lugar
donde podernos refugiar.

MENOS MÍA

Tú,
con el tiempo menos mía,
más tuya,
más del mundo.

Yo,
siempre tuya,
a pesar del tiempo,
a pesar de todo,
a pesar del mundo.

PUEDES FLAQUEAR

*Rayito de luz escrito por papá,
dedicado a la persona con más suerte del mundo.*

Que sepas que puedes flaquear,
porque yo sé que cuando la gente la ve riendo,
tú ves sondas y cables que gritan sin parar.
Y que cuando la gente se ríe viéndola balbucear,
tú ves noches sin dormir con una lactancia perdida
que no dejas de luchar.

Que sepas que es lícito derrumbarte,
porque yo sé que cuando la gente te pide por ella,
nadie piensa ni en nombrarte.
Y que mientras la gente la disfruta,
te agota no dejar de preocuparte.

Que sepas que es normal llorar cuando todo va bien,
porque yo sé que nuestra historia ha sido dura
que nada ha sido fácil,
que ese miércoles no solo nació un bebé,
pues nos despedimos de parte de nuestras vidas
y nacimos como padres.

Así que, amor, que sepas que lo estás haciendo bien.
Que eres la mejor madre para Jana
que para mí sigues siendo Marina
y que siempre te admiraré y te cuidaré.

MALA COSTUMBRE

Vivimos malacostumbrados a demostrarte
que en casa amor nunca va a faltarte
que nunca estarás sola,
siempre que nos llames
vamos a ayudarte.

Tenemos la mala costumbre de enseñarte
que cuando llores vamos a calmarte,
cuando tengas hambre a alimentarte,
cuando estés sucia a cambiarte,
cuando tengas sueño
te cogeremos para que puedas relajarte.

Tenemos la mala costumbre de no limpiarnos los oídos,
y así aprenderemos juntas,
tú de mí,
yo de ti,
y no de desconocidos,
por muchos hijos que hayan tenido
nadie tiene derecho a opinar
a desempoderar a una madre
cuando no te lo ha pedido.

Solo soy irremplazable en la vida de Jana.

Estoy presente.

Todo lo demás puede esperar.

EL TRAUMA INVISIBLE

Cuando las cosas no van como esperamos,
cuando hemos pasado tanto miedo,
hay un trauma,
hay un duelo.

Necesitamos que cambiéis
"la niña y tú estáis bien"
por "¿cómo estás?",
pero no físicamente,
pues es lo más fácil de curar,
necesitamos poner nombre a lo que acababa de pasar,
que seáis pacientes
hasta que os lo podamos explicar.

Todavía espero,
un solo abrazo
un consuelo,
alguien que reconozca
que lo que pasó no es un susto
es duradero.

Por favor
dejadnos llorar,
llorar sin racionalizar
sin juzgar,
llorar porque hemos abierto nuestros cuerpos
para dar espacio a un ser humano
y eso no es fácil de procesar.

Llorar para vaciar
y así tener espacio,
a nuestro ritmo,
para podernos transformar.

QUÉ EXTRAÑO

Qué extraño
era extrañarte en mi vientre
si tardaba en notarte.

Qué extraño
ahora extrañarte en mi vientre
si puedo tocarte.

Qué extraño
extrañarte pequeña
si adoro tus cambios.

Qué extraño
extrañarte cuando duermes
si puedo mirarte.

Qué extraño
es ahora
extrañarte.

CARTA AL TIEMPO

Lamento cuando te pedí futuro,
me arrepiento cada instante,
pero era duro
y tan oscuro.

Tú no pasas,
tú corres
y si trato de atraparte,
vuelas.

Corres más rápido que mi mente,
ya me has quitado suficiente
y me aterra pensar
que un día trataré de recordar
esta carita que no dejo de mirar.

Si al menos te pudiera pedir que no tengas tanta prisa,
prometo no volver a pedir que corras
si a esta mente olvidadiza
le concedes guardarse para siempre
su olorcito
o el sonido de su risa.

SEPARARME DE TI

Necesito leerte a cada momento
y darte lo que necesitas.

Me declaro adicta a tus sonrisas
y me desgarra tu llanto,
pero cuando te calmo me siento invencible.

Necesito alimentarte
ver todas tus caquitas
y reírnos con papá
que en la pierna te hace cosquillitas.

Necesitas mi olor para calmarte
y mi espalda afligida
se empodera al sostener tu pequeño cuerpo junto al mío
en nuestra mochilita
que es nuestro sitio preferido del mundo.

Necesitas dormir en mi pecho
y yo cerrar los ojos y sentir
que todavía formas parte de mi cuerpo
donde ambas vivimos en perfecta sinergia.

Necesito mirarte constantemente
y mi cerebro olerte cuando despiertas
rojita y con tus ojos pegaditos
y necesito un segundo para saber si tienes hambre, calor
o necesitas que me mueva para seguir durmiendo.

Todavía nos conocemos más siendo una
que al otro lado de la piel
y en tan solo cuatro meses
debes aprender que yo no soy tu único mundo.

Mi pequeña tortuguita,
siento que tan pronto sepas
que hay otro mundo fuera de mi piel,
un mundo más frío y loco
que nunca da tregua al tiempo
y que piensa que ya podemos separarnos.

Este otro mundo tan grande sin parar de girar
y tú tan pequeña creciendo en mi pecho.
Este terco mundo
me exige que para ganarme la vida
me separe de mi vida.

Separarme de ti
es frío
es silencio
es injusto
es contranatural.

Separarme de ti
es separarme de mí
y me asusta.

Mi pedacito de vida,
no quiero perderme tu mañana
decirte hasta luego
y ocuparme en otros que no me necesitan como tú.

Me aferro a la idea
de que recuperaremos nuestro cordón dorado,
lo agarraremos fuerte
recordaremos cómo nos adaptamos a vivir
teniéndonos fuera de mi cuerpo
y aprenderemos la manera de ser
estando un poquito más lejos de la piel,
pero siempre juntas.

NO SIEMPRE SOY LA MAMA

Antes de madre hay Marina
ahora a madre precede soy.
Soy madre,
mi identidad ha cambiado,
pero no siempre soy la mama.

Familia y amigos
no soy la mama,
soy vuestra hija,
vuestra amiga,
vuestra hermana.

Soy la que responde a las preguntas que le hacéis,
la que hace la videollamada,
pero que nunca veis.

No me escondáis tras la palabra mama
que no es vuestra, sino suya,
necesito que me veáis,
a veces me resulta cómodo esconderme a oscuras
tras el huracán de luz de su presencia,
otras necesito deciros cómo estoy,
necesito desnudarme
mostraros la parte oscura.

Necesito que no olvidéis mi nombre,
que me sigáis llamando,
que retomemos algunas de nuestras costumbres sin ella.

Trato de aceptar que nuestra relación
ha cambiado para siempre,
pero por favor no dejéis de llamarme,
de verme,
no dejéis de preguntarme,
pues puede que cuando queráis buscarme
ya solo sea la madre.

TRATO DE RECORDARTE

Demasiados días vuelvo a la cascada
y a esos momentos con los pies en el río,
sin embargo, se han mojado mis recuerdos,
tus manitas arrugadas, tus ruiditos,
tu boquita en mi pecho,
el olor que nos robaron,
lo recuerdo a trocitos como un sueño
y esta mente extraña olvida el frío.

"Disfrútala que el tiempo vuela",
me dicen como advertencia
y una vez más se esconde la exigencia.

Me inunda la nostalgia
y de nuevo la culpa.
Debería haberla disfrutado más.
Como si las veinticuatro horas del día
con su sombra y su alegría
no fuesen suficientes,
como si fuese fácil adaptarse a este universo nuevo,
a esta intensidad desmesurada.

Me rindo ante el duelo inevitable,
aparto el pasado idealizado,
me esfuerzo por recordarte
sin culpabilizarme
y priorizo este instante.

Puede que el aquí y el ahora
sean el pasado al que siempre queramos volver.

Yo aprendo de ti más de lo que tú aprendes de mí.

*Admiro todo lo que haces y me ilusiono
con todo lo que miras por primera vez.*

EL MILLOR QUE LI PODRÍEM DONAR

El que sento per tu és tan difícil d'expressar,
quan ens vam conèixer a la vora del foc
pensava en la sort de tenir algú tan increïble al meu davant
i abans del primer petard
jo ja em vaig enamorar.
Pensava que això no em podia passar
fins que tu vas arribar.

Durant aquests cinc anys
mai hem dubtat,
hem rigut
hem crescut
hem somiat,
i no em crec que aquesta aventura
ja ha començat.

Pensàvem que ens havíem vist per dins fins que ella va arribar,
tu no em deixaves anar
no paraves de plorar,
vam connectar en silenci
i admiro com sabies exactament el que podia necessitar.
Vam parir-la junts
i això ens va unir a un nivell
que per sempre ens marcarà.

Tot el que vam viure en aquell hospital
com em vas cuidar
només ho sabem tu i jo.
Vas ser el meu cap,
les meves mans,

la llum
que a la foscor va guanyar.

Junts vam viure l'experiència més brutal,
no hi ha viatge
ni cerimònia
ni res al món
que es pugui comparar.

El que vam viure ens va canviar,
ara un *t'estimo* és tan simple,
tan petit al teu costat.
Amor meu,
no tinguis por si algun dia
ens trobem a faltar,
prometo cuidar-nos més que mai
doncs créixer en una llar amb el nostre amor
és el millor que li podríem donar.

LO MEJOR QUE LE PODRÍAMOS DAR
(Traducción)

Lo que siento por ti es tan difícil de expresar,
cuando nos conocimos ante el fuego
pensaba en la suerte de tener a alguien tan increíble a mi lado
y antes del primer petardo
yo ya me había enamorado.
Pensaba que eso no me podía pasar
hasta que tú llegaste.

Durante estos cinco años
nunca hemos dudado,
hemos reído,
hemos crecido,
hemos soñado
y no me creo que esta aventura
ya ha empezado.

Pensábamos que nos habíamos visto por dentro
hasta que ella llegó.
Tú no me dejabas ir
no parabas de llorar
conectamos en silencio
y admiro cómo sabías exactamente lo que podía necesitar,
la parimos juntos
y eso nos unió a un nivel
que para siempre nos marcará.

Todo lo que vivimos en ese hospital
cómo me cuidaste
solo lo sabemos tú y yo,

fuiste mi cabeza,
mis manos,
la luz
que ganó a la oscuridad.

Juntos vivimos la experiencia más brutal,
no hay viaje
ni ceremonia
ni nada en el mundo
que se pueda comparar.

Lo que vivimos nos cambió
ahora un *te quiero* es tan simple
tan pequeño en comparación.
Amor mío,
no tengas miedo si algún día
nos echamos de menos,
prometo que nos vamos a cuidar,
pues crecer en un hogar con nuestro amor
es lo mejor que le podríamos dar.

JANA

Nuestra Jana,
tienes en tu nombre la hoguera de San Juan
esa en la que los papás se enamoraron
y poco más tarde te empezaron a soñar.

Escribo este poema para inmortalizar
tu peca en la cabeza
tu ruidito al bostezar
tu mirada enamorada
tocando nuestra cara al despertar.

Nos encanta todo lo que haces
tus pedorretas
y los sonidos que descubres y balbuceas sin parar
no dejamos de mirarte
tu carita es perfecta
y no se puede comparar.

Hueles a vida,
a un puñado de primavera,
adoro la curiosidad que miras a la gente
siempre sabes lo que quieres
y lo esperas paciente,
nunca rechazas lo que te asusta,
sino que lo pruebas prudente,
te prometo que nunca he conocido a nadie tan valiente.

Lloras cuando lo necesitas
y sonríes todo el día,
eres nuestro sol

nuestra alegría.

Te gustan los cuentos,
pero más las caras divertidas,
cogernos el pelo,
tocar y morder tus juguetes decidida,
esa canción tan conocida,
pasear mirando el mundo
por tus papis sostenida.

Mi intención no era describirte,
atarte en solo palabras sería absurdo e imposible,
crecerás siendo quien tú quieras
y tus papás siempre te escucharemos
te redescubriremos
y te amaremos seas como seas.

AGRADECIMIENTOS

Gracias Ari y Eugènia por ser las primeras manos en sostener a nuestra hija y a las palabras de Carole cuando más las necesitábamos. Gracias Marga por prepararnos para su llegada. Gracias a los mensajes salvavidas de Sílvia, las manos y la lucha de Lara, el acompañamiento y el empoderamiento más allá de la profesionalidad de Marta. Vuestros nombres serán abrazados para siempre en nuestra historia.

Gracias a las madres que me han sostenido, mi tribu, mi familia. Ivet, Gemma, María, Ari, Anna, Cristina y todas las mamis del grupo del CAP Güell, nos conocimos en los momentos más duros y nos hemos salvado las unas a las otras.

Gracias a mis amigas y a mi familia por tener la paciencia de volvernos a conocer y encontrarnos en este nuevo universo. Xènia, siempre serás la *tieta* de Girona.

Gracias Sergi por verme aquella noche de verbena, por hacerme reír cada día de mi vida y construir juntos el proyecto más sano y bonito que jamás podría soñar.

Sobre todo gracias a ti, mi Jana, por traer a mi vida tanta luz, esa que me ha traído sombras nuevas de la cuales aprender. Se me encoge el corazón al pensar que cuando cojas este libro ya no cabrás en mi pecho, por mucho que crezcas recuerda que siempre podremos volver a abrir este libro, cerraremos los ojos y sentiremos eternamente tus *Rimas en mi vientre*.

BIOGRAFÍA

Marina Capitán Llamas (1996) nació en Igualada, pero actualmente vive en Girona. Marina es mujer, pareja, hermana, hija, amiga, también psicóloga, escritora y recientemente MADRE. Este último acontecimiento ha supuesto un antes y un después en la vida de la autora, es por ese motivo que Marina, tras su primer poemario *A mí misma*, vuelve a compartirnos su poesía para emocionarnos con *Rimas en mi vientre*.

Instagram: @marinacapitan.poesia

ÍNDICE

TODOS LOS DERECHOS RESERVADOS.

NO SE PERMITE LA REPRODUCCIÓN TOTAL O PARCIAL DE ESTE LIBRO, NI SU INCOR-
PORACIÓN A UN SISTEMA INFORMÁTICO, NI SU TRANSMISIÓN EN CUALQUIER
FORMA O POR CUALQUIER MEDIO SEA ESTE ELECTRÓNICO, MECÁNICO, POR
FOTOCOPIA, POR GRABACIÓN U OTROS MÉTODOS SIN EL PERMISO PREVIO Y POR
ESCRITO DEL EDITOR.